云南省地方标准

排水降噪沥青路面应用技术指南

DB 53/T 756—2016

人民交通出版社股份有限公司
China Communications Press Co.,Ltd.

图书在版编目(CIP)数据

排水降噪沥青路面应用技术指南 / 云南省公路开发投资有限责任公司等编著. — 北京：人民交通出版社股份有限公司, 2017.4
ISBN 978-7-114-13781-5

Ⅰ.①排… Ⅱ.①云… Ⅲ.①沥青路面—路面排水—云南—指南 ②沥青路面—噪声控制—云南—指南 Ⅳ.①U416.217-62

中国版本图书馆CIP数据核字(2017)第085889号

书　　名：	排水降噪沥青路面应用技术指南
著 作 者：	云南省公路开发投资有限责任公司　云南公投建设集团有限公司
	深圳海川工程科技有限公司　长安大学
责任编辑：	刘永芬
出版发行：	人民交通出版社股份有限公司
地　　址：	(100011)北京市朝阳区安定门外外馆斜街3号
网　　址：	http://www.ccpress.com.cn
销售电话：	(010)59757973
总 经 销：	人民交通出版社股份有限公司发行部
经　　销：	各地新华书店
印　　刷：	北京市密东印刷有限公司
开　　本：	880×1230　1/16
印　　张：	1
字　　数：	15千
版　　次：	2017年6月　第1版
印　　次：	2017年6月　第1次印刷
书　　号：	ISBN 978-7-114-13781-5
定　　价：	15.00元

(有印刷、装订质量问题的图书由本公司负责调换)

目　次

前言 II
1 范围 1
2 规范性引用文件 1
3 术语和定义 1
4 材料 2
5 排水降噪沥青路面排水结构设计 3
6 高黏度改性沥青的制备 4
7 高黏度改性沥青混合料配合比设计 4
8 排水降噪沥青路面施工 5
9 排水降噪沥青路面的管理与养护 8

前 言

本标准按照 GB/T 1.1—2009《标准化工作导则 第1部分：标准的结构和编写》给出的规则起草。

本标准由云南省公路开发投资有限责任公司提出。

本标准由云南省交通标准化技术委员会（YNTC13）归口。

本标准起草单位：云南省公路开发投资有限责任公司、云南公投建设集团有限公司、深圳海川工程科技有限公司、长安大学。

本标准主要起草人：李国锋、郝培文、唐江、蒋鹤、王高、周应新、刘红瑛、张铭铭、汪海年、徐世国、严恒、李佳佳。

排水降噪沥青路面应用技术指南

1 范围

本指南规定了排水降噪沥青路面的原材料要求、施工方法、施工质量控制指标以及竣工验收方法等。

本指南适用于排水降噪沥青路面的设计、施工及工程质量验收。

2 规范性引用文件

下列文件对于本文件的应用是必不可少的。凡是注日期的引用文件，仅注日期的版本适用于本文件。凡是不注日期的引用文件，其最新版本（包括所有的修改单）适用于本文件。

JTJ 073.2　　公路沥青路面养护技术规范
JT/T 860.2　　沥青混合料改性添加剂　第 2 部分：高黏度添加剂
JTG/T D33　　公路排水设计规范
JTG D50　　公路沥青路面设计规范
JTG E20　　公路工程沥青及沥青混合料试验规程
JTG E60　　公路路基路面现场测试规程
JTG F40　　公路沥青路面施工技术规范
JTG F80/1　　公路工程质量检验评定标准　第一册　土建工程

3 术语和定义

下列术语和定义适用于本文件。

3.1

排水降噪沥青路面

排水降噪沥青路面是在防水黏层上摊铺高黏度改性沥青混合料，经压实后混合料空隙率在 18%～25%，在混合料内部形成排水通道，能有效地减少路表积水，提高路面抗滑能力，降低路面噪声的沥青混凝土表面层。

3.2

高黏度改性沥青

高黏度改性沥青是 60℃时动力黏度大于 50000Pa·s 的沥青。

3.3

防水黏层

在排水降噪沥青面层的下承层表面喷洒改性乳化沥青所形成的具有防水功能的黏层。

4 材料

4.1 高黏度改性沥青

排水降噪沥青路面沥青混合料应采用高黏度改性沥青，高黏度改性沥青指标参考 JT/T 860.2 中高黏度改性沥青添加剂相关要求，具体指标如表1所示。

表1 高黏度改性沥青的技术要求

指标		单位	技术要求	试验方法
针入度(25℃)，不小于		0.1mm	40	T 0604
延度(5℃)，不小于		cm	30	T 0605
软化点，不小于		℃	80	T 0606
溶解度，不小于		%	99	T 0607
弹性恢复，不小于		%	95	T 0662
黏韧性(25℃)，不小于		N·m	25	T 0624
韧性(25℃)，不小于		N·m	20	T 0624
闪点，不小于		℃	230	T 0611
RTFOTH 薄膜加热试验残留物	质量变化率，不大于	%	0.2	T 0609
	针入度残留率，不小于	%	80	T 0604
	延度(5℃)，不小于	cm	20	T 0605
60℃动力黏度，不小于		Pa·s	50000	T 0620
运动黏度(170℃)，不大于		m²/s	3	T 0620
注：以70号A级沥青为基质沥青。				

4.2 粗集料

排水降噪沥青路面沥青混合料中粗集料相关技术指标应符合 JTG F40 中相关要求。

4.3 细集料

排水降噪沥青路面沥青混合料中细集料相关技术指标应符合 JTG F40 中相关要求。

4.4 填料

排水降噪沥青路面沥青混合料中的填料相关技术指标应符合 JTG F40 中相关要求。

4.5 防水黏层

防水黏层宜采用喷洒型改性乳化沥青，其用量宜为 0.7~0.8kg/m²，改性乳化沥青指标应符合表2的要求。

表2 改性乳化沥青技术指标要求

指 标		单 位	技 术 要 求	试 验 方 法
破乳速度		—	快裂或中裂	T 0658
粒子电荷		—	阳离子(+)	T 0653
筛上剩余量(1.18mm),不大于		%	0.1	T 0652
黏度	恩格拉黏度,E_{25}	—	1~10	T 0622
	沥青标准黏度,$C_{25,3}$	s	8~25	T 0621
蒸发残留物试验	含量,不小于	%	60	T 0651
	针入度(100g,25℃,5s)	0.1mm	40~100	T 0604
	软化点,不小于	℃	55	T 0606
	延度(5℃),不小于	cm	20	T 0605
	溶解度(三氯乙烯),不小于	%	97.5	T 0607
与矿料的黏附性,裹附面积,不小于		—	2/3	T 0654
常温储存稳定性	1d,不大于	%	1	T 0655
	5d,不大于	%	5	T 0655

5 排水降噪沥青路面排水结构设计

5.1 排水降噪沥青路面结构层厚度

排水降噪沥青路面各结构层厚度应根据 JTG D50 中沥青路面结构设计相关要求进行确定。排水降噪沥青路面面层厚度应不小于其混合料最大公称粒径的2.5倍。

5.2 高等级公路路面排水设计

对于高等级公路,排水降噪沥青路面的结构和排水设计可参考图1进行设计。相关构造物设计应满足 JTG/T D33 中相关要求。

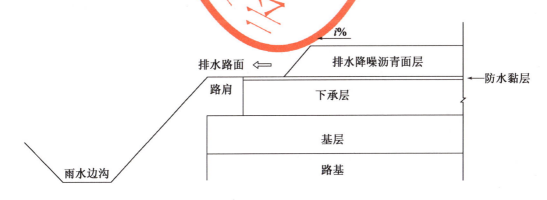

图1 排水降噪路面的结构示意图

5.3 桥面排水设计

对于桥面排水设计,可参考图2进行设计。相关构造物设计应满足 JTG/T D33 中相关要求。

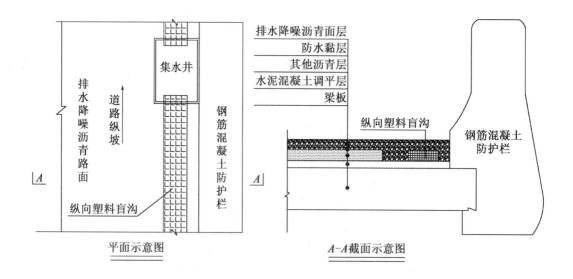

图 2 桥面排水结构示意图

6 高黏度改性沥青的制备

6.1 高黏度改性沥青现场制备

高黏度改性沥青现场生产工艺如图 3 所示。

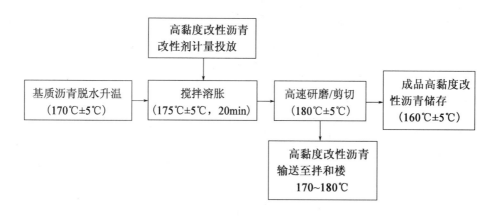

图 3 高黏度改性沥青现场生产工艺

6.2 高黏度改性沥青改性剂的掺量

高黏度改性沥青混合料中高黏度改性沥青改性剂掺量宜为高黏度改性沥青总量的10%～15%。

7 高黏度改性沥青混合料配合比设计

7.1 级配

高黏度改性沥青混合料矿料级配宜在表 3 范围内确定工程设计级配范围。

表3 高黏度改性沥青混合料矿料级配范围

级配类型	通过下列筛孔(mm)的质量百分率(%)										
	19	16	13.2	9.5	4.75	2.36	1.18	0.6	0.3	0.15	0.075
OGFC-16	100	90~100	70~90	45~70	12~30	10~22	6~18	4~15	3~12	3~8	2~6
OGFC-13		100	90~100	60~80	12~30	10~22	6~18	4~15	3~12	3~8	2~6
OGFC-10			100	90~100	50~70	10~22	6~18	4~15	3~12	3~8	2~6

7.2 配合比设计方法

排水降噪沥青路面沥青混合料配合比设计应按 JTG F40 中 OGFC 配合比设计方法进行。排水降噪沥青路面沥青混合料技术要求应符合表4的规定。

表4 高黏度改性沥青混合料试验技术指标

指标	单位	技术要求	试验方法
马歇尔试件击实次数	次	双面击实50次	T 0702
马歇尔试件尺寸	mm	$\Phi 101.6 \times 63.5$	T 0702
马歇尔稳定度,不小于	kN	4.5	T 0709
空隙率	%	18~25	T 0705
残留稳定度,不小于	%	80	T 0709
谢伦堡析漏损失,不大于	%	0.3	T 0732
肯塔堡飞散损失,不大于	%	20	T 0733
动稳定度(60℃),不小于	次/mm	5000	T 0719
车辙板透水系数,不小于	mL/15s	900	T 0730

8 排水降噪沥青路面施工

8.1 防水黏层施工

8.1.1 防水黏层应在高黏度改性沥青混合料摊铺前12h喷洒。

8.1.2 施工时,应分两次喷洒改性乳化沥青,第一次喷洒量宜为 0.3kg/m², 待破乳后,第二次喷洒量宜为 0.4~0.5kg/m²。

8.1.3 防水黏层应连续致密而不透水,喷洒过程要求均匀,无漏洒,无堆积,渗透充分。

8.1.4 喷洒过程中要对喷洒量进行检测与控制。

8.2 高黏度改性沥青混合料的拌和

高黏度改性沥青混合料应采用间歇式拌和机拌和,拌和方法分为湿法和干法。

8.2.1 湿法拌和

湿法拌和高黏度改性沥青混合料与普通沥青混合料方法基本相同,温度控制应符合表5的要求。

表5 高黏度改性沥青混合料拌和温度控制

项　目	温　度　控　制
改性沥青加热温度(℃)	170～180
集料加热温度(℃)	190～200
混合料出厂温度(℃)	175～185
混合料最高温度(℃)	195

8.2.2 干法拌和

8.2.2.1 高黏度改性沥青混合料生产工艺如图4所示。

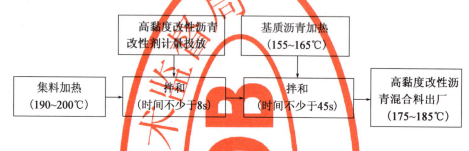

图4 高黏度改性沥青混合料的生产工艺

8.2.2.2 高黏度改性沥青改性剂的投放与计量

拌和楼应设投料口,应采用带计量设备的机械自动投放设备将高黏度改性沥青改性剂投入拌和锅。拌和楼宜安装铃声提示和监控设备,使高黏度改性沥青改性剂能按时按量准确投放。

8.2.2.3 注意事项如下：
a) 温度控制:温度控制应满足表5的要求。监测温度时车厢内混合料堆顶部的温度与料堆下部的温度差不应超过3～5℃。
b) 拌和时间:集料、高黏度改性沥青改性剂每盘干拌时间应不少于8s,加入基质沥青和矿粉后,每盘湿拌时间不少于45s,以沥青均匀裹覆集料为度。
c) 排水降噪沥青路面沥青混合料的拌和除满足本指南的要求外,还应满足 JTG F40 中的相关要求。
d) 高黏度改性沥青混合料出厂温度低于170℃,或超过195℃时混合料应废弃。

8.3 高黏度改性沥青混合料的储存

高黏度改性沥青混合料中粗集料用量大,易产生沥青的析漏和粗细集料颗粒的离析,宜随拌随用,不宜储存。

8.4 高黏度改性沥青混合料的运输

高黏度改性沥青混合料的运输应满足 JTG F40 中相关要求。

8.5 高黏度改性沥青混合料的摊铺及压实

8.5.1 摊铺

排水降噪沥青路面沥青混合料的摊铺应满足 JTG F40 中相关要求。

8.5.2 压实及成型

8.5.2.1 排水降噪沥青路面沥青混合料摊铺后,应按初压、复压、终压的碾压步骤进行碾压,碾压温度应符合表 6 的要求。各阶段压实应遵循紧跟、慢压的原则进行。具体的碾压速度与温度应根据铺筑的试验路段确定。

表 6 高黏度改性沥青混合料碾压时的温度控制

项 目	温度控制
初压温度(℃),不小于	150
复压温度(℃),不小于	130
终压温度(℃),不小于	100
开放交通温度(℃),不大于	50

8.5.2.2 初压宜采用 10~12t 钢轮压路机,静压 2 遍,应紧跟摊铺机碾压。
8.5.2.3 复压宜采用 10~12t 钢轮压路机,静压 2~4 遍,复压应紧跟初压,初压与复压应纵向重叠 3~5m。
8.5.2.4 终压宜采用 6~10t 双钢轮压路机,碾压 1~2 遍。
8.5.2.5 排水降噪沥青路面沥青混合料的压实及成型除满足本指南规定外,还应满足 JTG F40 中的相关要求。

8.6 开放交通

排水降噪沥青路面施工后应封闭交通,待路表温度低于 50℃方可开放交通。

8.7 施工质量控制

8.7.1 铺筑排水降噪沥青混合料前,应检查防水黏层质量,防水黏层质量应满足 JTG F80/1 中相关要求。
8.7.2 排水降噪沥青路面施工过程检查项目与频率应满足表 7 的要求。

表 7 排水降噪沥青路面施工过程检查项目与频率

项 目		频 率	质 量 标 准	试验方法
厚度		每1000m² 一次	-4mm	T 0912
压实度		每2000m² 一组	试验室标准密度96%	T 0924、T 0922
平整度		全线	3mm	T 0931
现场透水性		每1km 5 点	>900mL/15s	T 0971
沥青混合料	外观	随时	观察集料粗细、均匀性、离析、油石比、色泽、冒烟、有无花白料、油团等各种现象	目测
	温度	随时	符合本标准规定	人工检测
	级配	每台拌和机每天 1~2 次	0.075mm,±2%;≤2.36mm,±5%;≥4.75mm,±6%	T 0725 抽提筛分与标准级配比较的差
	沥青用量	每台拌和机每天 1~2 次	±0.3%	T 0722
	马歇尔试验	每台拌和机每天 1~2 次	符合本标准规定	T 0702

8.8 排水降噪沥青路面的验收

8.8.1 排水降噪沥青路面交工检查与质量验收标准应符合表8的规定。

表8 排水降噪沥青路面面层交工检查与质量验收标准

检查项目		检查频率	质量要求或允许偏差	试验方法
路面渗水系数		每1km 5点	>900mL/15s	T 0971
压实度	代表值	每1km 5点	试验室标准密度96%	T 0924、T 0922
	极值(最小值)	每1km 5点	比代表值放宽1%(每1km)或2%(全部)	T 0924、T 0922

8.8.2 排水降噪沥青路面其他交工检查与质量验收指标应符合JTG F40和JTG F80/1中相关规定。

9 排水降噪沥青路面的管理与养护

9.1 排水降噪沥青路面应尽可能避免空隙堵塞,养护应及时清除路面抛撒物。

9.2 排水降噪沥青路面应采用专门的冲洗和吸尘设备,定期(3～6个月)对路面积尘物质进行清除。

9.3 排水降噪沥青路面破损需修补时,应按照JTJ 073.2中相关要求进行作业。

版权专有　不得翻印　侵权必究
举报电话:(0871)63215571